中国人民政治协商会议第十三届全国委员会第二次会议文件

中国人民政治协商会议全国委员会办公厅编

人民出版社

图书在版编目(CIP)数据

中国人民政治协商会议第十三届全国委员会第二次会议文件/
中国人民政治协商会议全国委员会办公厅编．—北京：
人民出版社,2019.3
ISBN 978-7-01-020562-5

Ⅰ.①中…　Ⅱ.①中…　Ⅲ.①中国人民政治协商会议-文件-汇编
Ⅳ.①D627

中国版本图书馆 CIP 数据核字(2019)第 050408 号

中国人民政治协商会议
第十三届全国委员会第二次会议文件
ZHONGGUO RENMIN ZHENGZHI
XIESHANG HUIYI DI-SHISANJIE QUANGUO
WEIYUANHUI DI-ERCI HUIYI WENJIAN

中国人民政治协商会议全国委员会办公厅编

人民出版社 出版发行
(100706　北京市东城区隆福寺街 99 号)

北京盛通印刷股份有限公司印刷　新华书店经销

2019 年 3 月第 1 版　2019 年 3 月北京第 1 次印刷
开本:880 毫米×1230 毫米 1/32　印张:2
字数:39 千字

ISBN 978-7-01-020562-5　定价:5.00 元

邮购地址 100706　北京市东城区隆福寺街 99 号
人民东方图书销售中心　电话 (010)65250042　65289539

目　　录

中国人民政治协商会议第十三届全国委员会
第二次会议政治决议 ……………………………… (1)

在中国人民政治协商会议第十三届全国委员会
第二次会议闭幕会上的讲话 ………………… 汪　洋(7)

中国人民政治协商会议第十三届全国委员会
第二次会议关于常务委员会工作报告的决议……… (12)

中国人民政治协商会议全国委员会常务委员会
工作报告
——在政协第十三届全国委员会第二次会议上 ……汪　洋(13)

中国人民政治协商会议全国委员会常务委员会
关于政协十三届一次会议以来提案工作
情况的报告
——在政协第十三届全国委员会第二次会议上
…………………………………………… 苏　辉(31)

中国人民政治协商会议第十三届全国委员会
提案委员会关于政协十三届二次会议提案
审查情况的报告 …………………………………… (39)

中国人民政治协商会议第十三届全国委员会
第二次会议秘书长、副秘书长名单………………… (42)

关于召开中国人民政治协商会议第十三届
全国委员会第二次会议的决定 …………………… (43)

中国人民政治协商会议第十三届全国委员会
第二次会议议程 …………………………………… (44)

同心建言资政　同向凝聚共识
——热烈祝贺全国政协十三届二次会议开幕
……………………………………………《人民日报》社论(45)

广泛凝聚决胜全面建成小康社会正能量
——热烈祝贺全国政协十三届二次会议开幕
…………………………………………《人民政协报》社论(48)

凝心聚力共创美好新时代
——热烈祝贺全国政协十三届二次会议胜利闭幕
……………………………………………《人民日报》社论(52)

干出新时代人民政协的新样子
——热烈祝贺全国政协十三届二次会议胜利闭幕
……………………………………《人民政协报》社论(55)

中国人民政治协商会议
第十三届全国委员会
第二次会议政治决议

（2019年3月13日政协第十三届
全国委员会第二次会议通过）

中国人民政治协商会议第十三届全国委员会第二次会议，于2019年3月3日至13日在北京举行。

这次会议是在全面建成小康社会、实现第一个百年奋斗目标关键之年的重要时刻召开的。中共中央总书记、国家主席、中央军委主席习近平等党和国家领导同志出席会议并参加分组讨论，与委员共商国是。会议审议批准汪洋主席代表政协第十三届全国委员会常务委员会所作的工作报告，审议批准苏辉副主席代表政协第十三届全国委员会常务委员会所作的关于提案工作情况的报告。委员们列席第十三届全国人民代表大会第二次会议，听取并讨论李克强总理所作的政府工作报告，听取并讨论最高人民法院工作报告、最高人民检察院工作报告，讨论外商投资法草案及其他有关报告，对上述报告和文件表示赞同，并提出意见建议。全体委员认真学习贯彻习近平新时代中国特色社会主义思想，以高度的政治责任感和历史使命感，紧扣决胜全面建成小康社会等重要问题，深入协商讨论，积极议政建言，广泛凝聚共识，取得重要成果。会议务实高效、风清气正、圆满成功，是一次民主、团结、求实、奋进的大会。

会议认为，2018 年是全面贯彻中共十九大精神开局之年，也是党和国家事业发展极不平凡的一年。面对错综复杂的国际环境和艰巨繁重的国内改革发展稳定任务，以习近平同志为核心的中共中央团结带领全国各族人民，砥砺奋进，攻坚克难，统筹推进“五位一体”总体布局，协调推进“四个全面”战略布局，着力打好三大攻坚战，坚定不移全面深化改革开放，保持了经济持续健康发展和社会大局稳定，朝着实现全面建成小康社会目标迈出了新步伐。政协第十三届全国委员会及其常务委员会以习近平新时代中国特色社会主义思想为指导，全面贯彻中共十九大和十九届二中、三中全会精神，深入学习贯彻习近平总书记关于加强和改进人民政协工作的重要思想，增强“四个意识”，坚定“四个自信”，做到“两个维护”，聚焦党和国家中心任务，履行政治协商、民主监督、参政议政职能，发挥专门协商机构作用，建言资政和凝聚共识双向发力，为党和国家事业发展作出了新的贡献。

会议认为，习近平总书记在文化艺术界、社会科学界委员联组会上的重要讲话，从党和国家事业发展的全局出发，强调要坚定文化自信、把握时代脉搏、聆听时代声音，坚持与时代同步伐、以人民为中心、以精品奉献人民、用明德引领风尚，为增强社会主义意识形态凝聚力和引领力，推动社会主义文化繁荣兴盛，进一步做好培根铸魂的工作，提供了根本遵循。广大政协委员反响热烈，表示要深入学习贯彻习近平总书记重要讲话精神，树立高远的理想追求和深沉的家国情怀，自觉践行社会主义核心价值观，扎根人民群众，以奋进新时代、争创新业绩的实际行动，为国家、为民族、为人民贡献智慧和力量。

会议强调，今年是中华人民共和国成立 70 周年。站在新的历史起点上，要深刻理解在中国共产党领导下新中国 70 年历史性变革中所蕴藏的内在逻辑，把握历史性成就背后的中国特色社会主义道路、理论、制度、文化优势，坚定信心决心，增强行动自觉，在接续奋斗中创造新的辉煌。

会议认为，2019 年必然是机遇和挑战相互交织。要以习近平新时代中国特色社会主义思想为指导，坚持稳中求进工作总基调，贯彻新发展理念，推动高质量发展，把握重要战略机遇新内涵，做好稳增长、促改革、调结构、惠民生、防风险、保稳定各项工作。围绕今年经济社会发展重大问题，委员们认真协商讨论，提出意见建议，认为应持续深化供给侧结构性改革，在“巩固、增强、提升、畅通”八个字上下功夫。实施好减税降费改革。继续打好防范化解重大风险、精准脱贫、污染防治三大攻坚战。营造有利于创新创业创造的良好发展环境，支持先进制造业、现代服务业、新兴产业发展，集中力量突破一批关键核心技术。推动区域协调发展，持续释放内需潜力。加快国资国企改革，推动促进民营企业健康发展的政策措施落实落地。实施乡村振兴战略，做好"三农"工作。保持加强生态文明建设的战略定力，持续改善生态环境。扩大高水平对外开放，推动共建"一带一路"走深走实。切实保障和改善民生，着力做好就业、教育、社会保障、医药卫生、食品安全、安全生产、住房等方面工作。加强和创新社会治理，深化依法治国实践。

委员们高度评价全面从严治党取得的重大成果，拥护中共中央关于加强党的政治建设等重要决策部署，认为注重持之以恒正风肃纪，集中整治形式主义、官僚主义，树立过紧日子思想，厉行艰苦奋斗、勤俭节约，具有很强的针对性。推动全面从严治党向纵深发展，是实现中华民族伟大复兴的根本保证。全国政协系统党的建设扎实推进，为做好人民政协工作提供了坚强的政治保证。会议强调，参加政协的各党派团体、各族各界人士要深刻认识人民政协是一个政治共同体，必须共同落实中共中央对人民政协的领导和对政协工作的要求。

会议指出，今年是人民政协成立 70 周年。70 年的实践证明，人民政协是适合中国国情、具有鲜明中国特色和独特优势的制度安排。在新的时代条件下，要不忘初心、牢记使命，坚持中国共产党的领导，把习近平新时代中国特色社会主义思想作为统揽各项工作的总纲，把握人民政协的性质定位，把推动人民政协制度更加成熟更加定型、发挥好专门协商机构的作用作为新时代的新方位新使命，把加强思想政治引领、广泛凝聚共识作为履职工作的中心环节，提高建言资政和凝聚共识双向发力工作的质量，切实担负起把中共中央的决策部署和对人民政协工作的要求落实下去、把海内外中华儿女实现中华民族伟大复兴中国梦的智慧和力量凝聚起来的政治责任。

会议强调，充分发挥专门协商机构的作用、广泛凝聚正能量，是人民政协服务党和国家中心任务的必然要求。要围绕决胜全面建成小康社会，把思想和行动统一到中共中央对当前形势的科学判断和对重大工作的决策部署上来，做好协商议政、宣传政策、释疑增信、鼓舞干劲的工作。要完善政协协商的制度机制，丰富运行方式，营造讲真话、讲实话、讲心里话的良好环境，协助党和政府听取民声、汇聚民智，及时发现风险隐患，有效提出对策建议，使政协协商的过程成为发扬民主、建言资政、凝聚共识、共建小康的过程。要加强和改进政协民主监督工作，寓监督于协商之中，助推中共中央的决策部署落实落地。

会议强调，人心是最大的政治，共识是奋进的动力。要发挥人民政协大团结大联合组织的作用，广泛凝心聚力。积极为民主党派和无党派人士在政协履职创造条件，加强同党外知识分子、非公有制经济人士和新的社会阶层人士的联系。推动各民族交往交流交融，引导宗教与社会主义社会相适应。全面准确贯彻“一国两制”、“港人治港”、“澳人治澳”、高度自治的方针，支持香港、澳门特别行政区政府和行政长官依法施政，推动落实好粤港澳大湾区发展规划纲要,促进内地与港澳青少年交流。深入学习贯彻习近平总书记在《告台湾同胞书》发表40周年纪念会上的重要讲话精神,坚持一个中国原则和“九二共识”,探索两岸融合发展,深化与台湾岛内有关党派团体和人士的交流,坚决反对“台独”分裂图谋和行径。广泛团结海外侨胞,维护侨胞合法权益。积极开展对外交往,推动构建人类命运共同体。

会议强调,政协委员是政协工作的主体。要按照懂政协、会协商、善议政,守纪律、讲规矩、重品行的要求,加强委员队伍建设,提高整体素质和履职本领。广大委员要当好人民政协制度的参与者、实践者、推动者,在方方面面都发挥带头作用,不负重托、不辱使命。

会议号召,人民政协各级组织、各参加单位和广大政协委员,更加紧密地团结在以习近平同志为核心的中共中央周围,高举中国特色社会主义伟大旗帜,同心同德,奋发进取,为决胜全面建成小康社会、夺取新时代中国特色社会主义伟大胜利、实现中华民族伟大复兴的中国梦作出新的更大贡献,以优异成绩庆祝新中国成立70周年!

在中国人民政治协商会议第十三届全国委员会第二次会议闭幕会上的讲话

（2019 年 3 月 13 日）

汪　洋

各位委员、同志们：

中国人民政治协商会议第十三届全国委员会第二次会议，经过全体委员共同努力，圆满完成各项议程，就要胜利闭幕了。

这次会议是在全面建成小康社会进入关键之年召开的，中共中央高度重视，各有关方面大力支持。中共中央总书记、国家主席、中央军委主席习近平等党和国家领导同志，出席大会开幕会和闭幕会，深入界别小组听取意见和建议，与委员共商国是。广大政协委员认真学习贯彻习近平新时代中国特色社会主义思想，以高度的政治责任感和历史使命感，深入讨论政府工作报告和其他报告，认真审议全国政协常委会工作报告和提案工作情况报告等文件，围绕统筹推进“五位一体”总体布局、协调推进“四个全面”战略布局，紧扣决胜全面建成小康社会，深入协商、积极建言，取得重要成果。这次会议充分发扬民主、广泛凝聚共识，是一次求真务实、团结奋进的大会，展现了人民政协这一专门协商机构的独特优势，彰显了中国特色社会主义民主政治的生机活力。

今年是中华人民共和国成立70周年，人民政协也将迎来70华诞。70年风雨兼程，70年砥砺前行。在中国共产党领导下，伟大的祖国发生了翻天覆地的变化，伟大的中国人民正沿着中国特色社会主义大道阔步前进，伟大的中华民族比历史上任何时期都更接近、更有信心和能力实现伟大复兴的梦想。70年来，人民政协积极投身建立新中国、建设新中国、探索改革路、实现中国梦的壮丽实践，走过了辉煌的历程，建立了历史的功勋。中国特色社会主义进入新时代，人民政协的舞台更加宽广，责任更加重大。我们要不忘初心，牢记使命，坚持人民政协的性质定位，把握人民政协新的历史方位，坚守信念和定力，汲取经验和智慧，推动人民政协事业不断向前发展。

我们要崇尚学习、加强学习，加强思想政治引领，把科学理论武装成果转化为团结奋斗的共同思想政治基础。学习是成长进步的重要阶梯。善于学习就是善于进步。人民政协在学习中走到今天，更要在学习中走向未来。面对新时代新方位新使命，人民政协必须继承学习的光荣传统，把学习作为各级政协组织和广大政协委员的政治责任，作为加强思想政治引领的有效途径，更加崇尚学习、积极改造学习、持续深化学习。要把学习习近平新时代中国特色社会主义思想作为重中之重，及时跟进学习贯彻习近平总书记最新重要讲话精神，巩固深化习近平总书记关于加强和改进人民政协工作的重要思想学习研讨活动成果，持续在学懂弄通做实上下功夫，做到学思用贯通，知信行统一，打牢增强“四个意识”、坚定“四个自信”、做到“两个维护”的思想根基。要坚持理论联系实际，在履职实践中提高思想政治水平，悟原理、求真理、明事理，努力使思想、能力、行动跟上中共中央的部署要求和人民政协事业发展需要，努力使建言资政更加建之有方、言之有理、资之有效。要充分运用新中国成立 70 年来的宝贵精神财富，认真学习中国共产党的历史、统一战线的历史、人民政协的历史，树立正确的历史观，深刻理解 70 年历史性变革中所蕴藏的内在逻辑，不断增进对中国共产党和中国特色社会主义的政治认同、思想认同、理论认同、情感认同，在习近平新时代中国特色社会主义思想旗帜下携手前进。

我们要崇尚创新、勇于创新，加强协商民主建设，推动政协协商民主制度程序和运行方式的完善。人民政协作为人民民主的重要实现形式，作为社会主义协商民主的重要渠道和专门协商机构，是中国共产党领导各党派团体和各族各界人士在政治制度上的伟大创造，具有独特、独有、独到的优势。实践没有止境，探索没有止境，创新也没有止境。要坚持以习近平新时代中国特色社会主义思想为指导，坚持党的领导、人民当家作主、依法治国有机统一，把握民主协商的政治原则，运用民主集中制的优势，植根中国大地，积极探索创新，使人民政协的工作跟上新时代步伐。要按照完善和发展中国特色社会主义制度、推进国家治理体系和治理能力现代化的目标要求，推进中共中央关于政协协商民主建设重大改革举措落实，进一步完善专门协商机构的制度体系，推动人民政协制度更加成熟更加定型，更好地通过政协制度的有效运行和民主程序，把党的主张转化为社会各界的共识和行动。要注重政协协商形式和协商内容相匹配、协商程序和协商效率相统一，丰富运行方式方法，运用现代信息技术等手段，拓展不同意见互动交流、各种观点深入沟通的平台和渠道，形成有事好商量、众人的事情由众人商量的秩序和氛围，努力使专门协商机构“专”出特色、“专”出质量、“专”出水平。

我们要崇尚团结、增进团结，加强双向发力工作，汇聚起服务党和国家中心任务的合力。团结是攻坚克难的制胜法宝。中国革命、建设、改革的历史，就是一部中国共产党领导全国各族人民团结奋斗的历史。人民政协是坚持大团结大联合、朝着共同奋斗目标不断前进的制度结晶。人民政协追求的团结，是建立在求同存异、聚同化异之上的广泛团结，是建立在共同事业、共同利益之上的坚强团结。在政协增进团结，要采取正确的方针和正确的方法，坚持和风细雨式的平等协商，靠批评和自我批评、教育和自我教育，耐心细致地做好存异、化异等工作，形成思想上的真正团结。要发挥人民政协作为国家治理体系重要组成部分的作用，在解决人心向背和力量对比上下功夫，提高建言资政和凝聚共识双向发力的质量，多做宣传政策、解疑释惑的工作，多谋防范风险、化解挑战的良策，多鼓提振信心、团结奋斗的干劲，把思想和行动统一到中共中央对重大形势的科学判断和对重大工作的决策部署上来，把智慧和力量汇聚到共筑中国梦上来，努力画出最大同心圆。

新时代的人民政协要有新时代的样子，新时代的政协委员也要有新时代的形象。要按照懂政协、会协商、善议政，守纪律、讲规矩、重品行的要求，全面加强委员队伍建设，着力提升整体素质和履职本领，担负新的使命、成就新的光荣。政协没有名誉委员，只有责任委员，所有委员都要尽职尽责，用心用力。要保持奋斗者的姿态和干劲，敢于担当、善于斗争、永不停步、永不懈怠，始终心系国事、情牵民生，当好人民政协制度的参与者、实践者、推动者，写好每年的“委员作业”，答好时代给出的考卷，展现新时代政协委员的绚丽风采，书写人民政协事业发展的光辉篇章。

各位委员、同志们！新中国成立70年来的辉煌是中国人民一代接着一代干出来的，人民政协事业的发展也凝结着一届又一届政协委员的不懈奋斗。让我们更加紧密地团结在以习近平同志为核心的中共中央周围，高举中国特色社会主义伟大旗帜，继续奋斗，切实把中共中央的决策部署和对人民政协工作的要求落实下去、把海内外中华儿女实现中华民族伟大复兴中国梦的智慧和力量凝聚起来，以优异成绩庆祝新中国成立70周年，为决胜全面建成小康社会，为把我国建设成为富强民主文明和谐美丽的社会主义现代化强国作出新的更大贡献！

中国人民政治协商会议第十三届全国委员会第二次会议关于常务委员会工作报告的决议

（2019年3月13日政协第十三届全国委员会第二次会议通过）

中国人民政治协商会议第十三届全国委员会第二次会议，批准汪洋主席代表政协第十三届全国委员会常务委员会所作的工作报告。

中国人民政治协商会议全国委员会常务委员会工作报告

——在政协第十三届全国委员会第二次会议上

（2019年3月3日）

汪　洋

各位委员：

我代表中国人民政治协商会议第十三届全国委员会常务委员会，向大会报告工作，请予审议。

一、2018年工作回顾

2018年是全面贯彻中共十九大精神开局之年，也是十三届全国政协工作起步之年。在以习近平同志为核心的中共中央坚强领导下，政协全国委员会及其常务委员会深入学习贯彻习近平新时代中国特色社会主义思想，全面贯彻中共十九大和十九届二中、三中全会精神，增强“四个意识”，坚定“四个自信”，做到“两个维护”，围绕统筹推进

“五位一体”总体布局、协调推进“四个全面”战略布局，坚持团结和民主两大主题，坚持继承和创新有机结合，发挥专门协商机构作用，认真履行政治协商、民主监督、参政议政职能，在建言资政和凝聚共识上双向发力，切实担负起把中共中央的决策部署和对人民政协工作的要求落实下去、把海内外中华儿女实现中华民族伟大复兴中国梦的智慧和力量凝聚起来的政治责任，推动各项工作取得新进展，展现了新时代人民政协的新面貌新气象。

一年来，常委会坚持中国共产党对人民政协工作的全面领导，切实把握中国人民政治协商会议这个庄严名称、也是这项制度所赋予的使命任务，坚持人民政协是政治组织，必须旗帜鲜明讲政治；坚持人民政协是人民民主的重要制度，必须以人民为中心履职尽责；坚持人民政协是专门协商机构，必须求真务实提高协商能力水平。我们围绕打基础、利长远突出抓了三项工作。

一是开展习近平总书记关于加强和改进人民政协工作的重要思想学习研讨活动。深入学习贯彻习近平新时代中国特色社会主义思想和中共十九大精神是全国政协的首要政治任务，是各级政协加强思想政治建设的必然要求。经中共中央批准，2018 年 5 月至 9 月，全国政协系统集中开展了习近平总书记关于加强和改进人民政协工作的重要思想学习研讨活动，实现了全国和地方各级政协委员参与全覆盖。全国政协 24 位副主席分别参加 31 个省区市政协的理论研讨会。召开全国政协系统理论研讨会，集中研讨交流，研究提出加强和改进政协工作的具体举措，在政治、思想、工作上都取得积极成果。去年 11 月中旬，习近平总书记主持会议听取学习研讨活动情况汇报并作重要讲话。常委会以学习贯彻习近平总书记重要讲话精神为主题，召开新世纪以来第一次专门研究自身建设的会议，深刻把握推动人民政协制度更加成熟更加定型、发挥好专门协商机构的作用这一新时代人民政协的新方位新使命，把思想和行动统一到习近平总书记重要讲话精神上来，对落实中共中央对政协工作的部署和要求作出进一步安排。

二是加强新时代人民政协党的建设工作。人民政协是中国共产党领导的多党合作和政治协商的重要机构，政协党的建设关系政协工作的方向和水平。全国政协党组组织政协系统党的建设专题调研，首次召开全国政协系统党的建设工作座谈会，以党的政治建设为统领，推进政协党的各项建设。全国政协党组及时学习贯彻中共中央办公厅印发的《关于加强新时代人民政协党的建设工作的若干意见》，提出建立党员委员参加双重组织生活制度等 8 项重点任务，成立全国政协党的建设工作领导小组，狠抓工作落实。认真贯彻新时代党的建设总要求，健全落实党对人民政协工作领导的组织体系和制度机制，进一步提升了党的组织对政协工作的领导能力，为人民政协更好担负新时代使命任务提供坚强保证。

三是把提高工作质量摆在更加突出位置。提高工作质量是新时代党和国家事业发展的重要要求，也是加强和改进人民政协工作的迫切需要。围绕加强薄弱环节、改进不足之处，把质量导向鲜明树立起来，推动政协工作从注重“做了什么”、“做了多少”向“做出了什么效果”转变。制定提高提案质量的意见，加大平时提案和集体提案征集力度、提案办理协商力度。各种协商议政活动提前聚焦提炼，持续跟进讨论，更加注重互动交流，更加注重营造协商氛围，更加注重协商实效。创建委员移动履职平台，开展网络议政远程协商，为委员不受时空限制履职创造条件。落实谈心谈话制度，通过同党外委员和民营企业家、专家学者等进行小范围座谈，以心交心、凝聚人心。创设委员讲堂和重大专项工作委员宣讲团，面向社会宣传政策、加强引领。制定提高协商议政质量、开展履职建言质量评价的制度文件。

一年来，常委会围绕党和国家中心任务，紧扣团结和民主两大主题履行职能，主要做了以下工作。

（一）强化创新理论武装，夯实共同思想政治基础。认真组织学习贯彻习近平新时代中国特色社会主义思想和中共十九大及十九届二中、三中全会精神，学习习近平总书记在纪念马克思诞辰200周年大会、庆祝改革开放40周年大会等重要会议上的讲话，学习新修订的宪法和政协章程，筑牢坚持中国共产党领导和中国特色社会主义的思想根基。创立习近平新时代中国特色社会主义思想学习座谈会制度，创立主席会议集体学习制度和务虚会制度，完善以党组理论学习中心组学习为引领的学习制度体系，推动理论学习常态化制度化。加强政协委员特别是新任委员的学习培训,首批专题培训新任委员500余人,全年培训各级政协委员和政协干部9200余人。认真组织学习贯彻习近平总书记关于我国新型政党制度的重要论述,开展纪念中共中央发布“五一口号”70周年活动,不忘合作初心,继续携手前进。

(二)突出专门协商机构特色,彰显双向发力优势作用。坚持发扬民主与增进团结相互贯通、建言资政和凝聚共识双向发力,发挥专门协商机构作用。共召开1次全体会议、2次专题议政性常委会会议、2次专题协商会、19次双周协商座谈会、2次网络议政远程协商会、1次网络讨论会、18次对口协商会、4次提案办理协商会,进一步形成常态化、多层次、各方面有序参与的协商议政格局。广泛征求意见,科学确定议题,周密制定协商计划,精心组织协商活动,转化运用调查研究成果,在交流中完善建议,在共商中集思广益,增强议政建言实效。更加注重互动性协商,在协商中深化认识,寓建言、支持、监督于协商之中,使协商议政的过程成为思想引领、宣传政策、释疑增信的过程,成为沟通情况、换位思考、交换看法的过程,凝聚起对党和国家大政方针的共识,形成同心同德贯彻落实党和国家决策部署的强大合力。

(三)聚焦中心任务,紧扣打好三大攻坚战和实现经济高质量发展协商议政。围绕精准扶贫精准脱贫,赴“三区三州”等深度贫困地区深入调研,召开解决深度贫困地区脱贫问题专题议政性常委会会议,集中协商议政,对推动脱贫攻坚发挥了积极作用。针对大气、水、土壤等污染防治问题，组织委员赴14个省区市专题调研，召开污染防治中存在的问题和建议专题议政性常委会会议，综合建言；聚焦农村人居环境、生态移民、海洋资源、自然保护区、落实河长制、快递行业绿色发展等问题，开展系列调研议政活动，为生态文明建设作出了贡献。着眼防范化解重大风险，认真了解情况，与政府部门、金融机构和企业等深入座谈，召开健全系统性金融风险防范体系专题协商会，提出建议。

着眼推动高质量发展、深化供给侧结构性改革，就强化基础研究、促进重大原始创新和支持人工智能、新能源汽车、共享经济等新兴产业健康发展组织调研视察，召开发展实体经济、提高供给体系质量专题协商会。聚焦促进民营经济高质量发展，就提振民营企业信心、放宽市场准入、缓解融资难等持续建言，推动支持民营企业发展的政策措施落地见效。紧扣实施乡村振兴战略，就"三农"工作队伍建设、农村一二三产业融合发展和城乡融合发展、特色小镇建设、农村产业转型升级等调研议政，召开"三农"工作对口协商会，助推农业农村现代化。围绕京津冀协同发展、长江经济带发展、东北振兴、海南自由贸易试验区建设、大别山绿色发展等考察建言，促进区域协调发展。每季度召开宏观经济形势分析座谈会，定期研判新情况新问题，务实提出意见建议。

（四）坚持履职为民，助推民生改善和社会发展。适应社会主要矛盾变化，着眼满足人民日益增长的美好生活需要开展协商议政、民主监督。聚焦优先发展教育事业，就解决中小学生课外负担重问题、高校“双一流”建设、民办教育发展等建言出力，推动办好人民满意的教育。紧扣就业、社会保障等涉及群众切身利益的实际问题提出建议，就中长期人口变动与经济社会发展、强化国家海洋救助保障、健全志愿服务管理体制等调研议政。围绕实施健康中国战略，就完善公立医院运行新机制、加强基层医疗卫生服务和全科医生队伍建设、完善养老服务体系、推动全民健身等议题深入协商，促进完善国民健康政策。关注法治建设，就未成年人网络保护条例、退役军人保障法、社会组织登记管理条例的制定修订和司法责任制综合配套改革提出建议，召开基本解决执行难问题双周协商座谈会，助力深化依法治国实践。着眼社会主义文化强国建设，就弘扬劳模精神和工匠精神、红色资源保护和利用、文化创意产业发展、历史文化名城名镇保护、大遗址保护和利用、大运河文化带建设、书法教育、戏曲传承发展等进行调研。组织委员开展教师节慰问和科技、文化、卫生、体育下基层活动。做好政协来信来访工作。

（五）坚持大团结大联合，广泛凝心聚力。建立各党派参加政协工作共同性事务的情况交流机制，政协专委会同民主党派中央共同承办协商议政活动、开展联合调研。加强同党外知识分子、非公有制经济人士、新的社会阶层人士的沟通联络，及时反映意见诉求。创新开展少数民族界和宗教界委员专题学习考察、界别协商活动，召开界别反映社情民意信息座谈会，围绕加强各民族交往交流交融、国家通用语言文字普及、边疆群众生产生活、民族地区中小学寄宿制学校建设、坚持我国宗教的中国化方向、藏传佛教人才培养等议政建言、凝聚共识。赴5省市宣讲习近平总书记在会见香港澳门各界庆祝国家改革开放40周年访问团时的重要讲话精神，组织港澳委员赴内地考察，就推进粤港澳大湾区建设调研议政，组织港澳青年社团代表赴内地体验交流，鼓励港澳委员支持特别行政区政府和行政长官依法施政，旗帜鲜明反对“港独”。首次参与主办海峡论坛·两岸基层治理论坛，围绕《关于促进两岸经济文化交流合作的若干措施》贯彻落实情况、两岸青年创业基地发展等调研议政，加强与台湾岛内有关党派团体、人士联系，坚定不移反对“台独”。邀请海外侨胞代表列席政协全体会议，围绕发挥海外侨胞在维护国家海外利益中的作用等调研建言。

（六）**积极开展对外友好交往，致力营造良好外部环境**。按照国家外交工作总体部署，务实开展高层交往，深化同外国相关机构、政治组织、媒体智库和各界人士的交流。丰富对外交流内容和方式，讲好中国共产党治国理政的故事、各族人民奋进新时代的故事、新型政党制度和人民政协的故事，宣介构建人类命运共同体理念。首次举办外国驻华使节进政协活动，41个非洲国家的驻华使节和非洲联盟驻华代表到全国政协参观座谈。以共建“一带一路”为主题举办中非经济社会理事会圆桌会议，成立全国政协中非友好小组。组织专委会开展对外交流，并围绕境外经贸合作区、国际陆海贸易新通道、中国—东盟区域经济合作、中欧班列运行等深入调研议政。支持中国经济社会理事会与欧盟经济社会委员会共同举办第16次中欧圆桌会议，支持中国宗教界和平委员会参加亚洲宗教和平会议。召开国际形势分析会，支持委员就应对中美经贸摩擦及时发声、积极建言，宣示各党派团体、各族各界人士坚决维护国家利益的鲜明态度和坚定信心。

（七）以改革创新精神，切实加强人民政协自身建设。落实中共中央深化党和国家机构改革的决策部署，优化专委会设置，增设农业和农村委员会。建立主席会议向常务委员会报告工作制度，建立主席会议听取专委会工作汇报制度，完善副主席联系专委会方式，召开专委会主任会议，加强专委会中共分党组建设，更好发挥专委会基础性作用。尊重委员主体地位，强化委员责任意识，制定副主席联系界别和委员工作办法，建立主席会议成员到地方开展工作时，走访看望住当地全国政协委员的机制，修订实施委员履职工作规则，进行委员履职情况统计，建立委员履职档案、常委提交履职报告制度，298名常委按时提交了履职报告，全国政协党组成员分别对党员常委履职建言情况进行了点评，建立委员分批次列席常委会会议等制度机制，推动全体委员做好“年度作业”，委员履职的深度广度明显提升，有效改变“年委员”状况。坚持从严要求，依章程撤销3人全国政协委员资格。建立加强和改进调查研究工作制度，突出热点难点焦点问题收集报送社情民意信息，完善大会发言协商遴选机制，首次以音像方式征集改革开放40周年纪事口述史料，发挥中国人民政协理论研究会组织重大理论和实践问题研究的作用，加大重要会议、重大活动、委员履职情况新闻报道力度。以党的政治建设为统领推进政协机关建设，优化干部队伍结构，结合重点工作强化实践锻炼，开展内部巡视和警示教育，驰而不息反对"四风"，努力建设模范机关。支持中央纪委国家监委驻政协机关纪检监察组工作。建立地方政协主席座谈会制度，召开全国地方政协秘书长工作会议，加强对地方政协工作指导。

各位委员，一年来的工作成绩，是以习近平同志为核心的中共中央坚强领导的结果，是各级党委、政府和社会各界大力支持的结果，是人民政协各参加单位、各级组织和广大委员团结奋斗的结果。我代表全国政协常委会表示衷心的感谢！

同时，我们的工作还存在薄弱环节和不足之处，一些同志担当新时代政协工作使命任务的意识和能力需进一步增强，发挥专门协商机构作用的制度机制需进一步完善，双向发力工作的质量需进一步提高，调研考察工作需进一步改进，对地方政协工作的指导需进一步加强。这些问题必须高度重视，认真加以解决。

二、2019年主要任务

2019年是中华人民共和国成立70周年，人民政协也将迎来70华诞。人民政协工作的总体要求是：以习近平新时代中国特色社会主义思想为指导，全面贯彻中共十九大和十九届二中、三中全会精神，增强“四个意识”，坚定“四个自信”，做到“两个维护”，锚定使命任务，坚持团结和民主两大主题，围绕统筹推进“五位一体”总体布局、协调推进“四个全面”战略布局，聚焦决胜全面建成小康社会、打好三大攻坚战等重点任务，认真履行政治协商、民主监督、参政议政职能，提高建言资政和凝聚共识双向发力工作的质量，以优异成绩庆祝新中国成立70周年。

习近平总书记强调指出，2019年必然是机遇和挑战相互交织。做好今年政协工作，必须讲政治、顾大局，坚持稳中求进工作总基调，适应“时”和“势”的变化，增强“难”和“忧”的意识，把握“稳”的要义、强化“进”的措施。要把习近平新时代中国特色社会主义思想作为统揽政协工作的总纲，崇尚学习、加强学习，以坚持和发展中国特色社会主义为主轴不断打牢共同思想政治基础。要把推动人民政协制度更加成熟更加定型、发挥好专门协商机构的作用，作为新时代的新方位新使命，崇尚创新、勇于创新，加强理论研究，完善制度机制，推动实践发展。要把加强思想政治引领、广泛凝聚共识作为人民政协履职工作的中心环节，崇尚团结、增进团结，调动一切积极因素，同心同德、共创复兴大业。

（一）坚持把学习贯彻习近平新时代中国特色社会主义思想作为重中之重。把理论学习摆在更加突出的位置，落实习近平新时代中国特色社会主义思想学习座谈会制度，及时学习习近平总书记最新重要讲话精神，认真贯彻中共中央关于加强党的政治建设等重要决策部署。巩固拓展习近平总书记关于加强和改进人民政协工作的重要思想学习研讨活动成果，认真落实《全国政协加强和改进人民政协工作重点任务实施方案》27 项具体措施，以实践深化认识、以认识成果推动实践发展。组织各专委会定期开展专题学习研讨，抓好以自我教育自我提高为主旨的学习座谈、以自我教育为主旨的党外委员专题视察、寓思想政治引领于团结民主之中的谈心谈话等工作，把科学理论转化为团结奋斗的共同思想政治基础，引导参加人民政协的各党派团体和各族各界人士，不断增进对中国共产党和中国特色社会主义的政治认同、思想认同、理论认同、情感认同，坚定不移走中国特色社会主义政治发展道路，风雨如磐不动摇。

（二）**围绕党和国家中心任务议政建言**。聚焦全面建成小康社会的关键问题、打好三大攻坚战的重要问题，贯彻“巩固、增强、提升、畅通”八字方针，深入推进供给侧结构性改革，努力形成一批高质量建言成果。抓好重点协商议政活动，围绕推动制造业高质量发展、办好人民满意的教育分别召开专题议政性常委会会议；针对创新驱动发展、加强农村基本公共文化服务建设分别开展专题协商。运用双周协商座谈会、网络议政远程协商等形式，就促进就业、共享经济发展、著作权法修订、大运河文化带建设等社会关注的问题，就“四好农村路”建设、幼教师资培养、家庭家教家风建设、养老服务体系构建、健康中国战略、个人信息保护等关系群众切身利益的问题，在深入调研的基础上协商咨政。发挥寓监督于协商之中的优势，围绕打赢脱贫攻坚战、促进民营经济健康发展、自然保护区政策、草原生态保护等开展协商式监督，助推党和国家相关决策部署落实。

（三）**进一步加强团结联谊工作**。完善情况通报、座谈交流、联合调研等制度，积极为民主党派和无党派人士在政协履职创造条件。拓展同党外知识分子、非公有制经济人士和新的社会阶层人士交往渠道。全面贯彻党的民族政策和宗教工作基本方针，围绕做好新时代城市民族工作、寺观教堂管理等开展调研协商。全面准确贯彻“一国两制”、“港人治港”、“澳人治澳”、高度自治的方针，支持特别行政区政府和行政长官依法施政，继续实施港澳青年来内地学习交流计划，就促进内地与港澳青少年交流、落实粤港澳大湾区发展规划纲要等提出建议。认真学习贯彻习近平总书记在《告台湾同胞书》发表40周年纪念会上的重要讲话精神，坚持一个中国原则和“九二共识”，坚决反对“台独”，深化与台湾岛内有关党派团体和人士的交流，参与举办海峡论坛相关活动。广泛团结海外侨胞，维护侨胞合法权益。

（四）**为服务中国特色大国外交贡献智慧和力量**。积极开展高层互访，创新公共外交、人文交流机制。发挥政协专委会、中国经济社会理事会、中国宗教界和平委员会优势作用，举办第17次中欧圆桌会议、“一带一路”国际合作专题研讨会、不同宗教文化和平对话国际研讨会等活动，加强沟通合作，凝聚各方共识。组织委员对深化“一带一路”创新合作、引进海外人才需要重视的问题等开展调研。对外讲好中国故事,维护国家主权、安全和发展利益,推动构建人类命运共同体。

（五）**扎实抓好政协自身建设**。推进协商议政质量体系建设,建立应用型智库和参政议政人才库,为高质量履职建言提供支撑。运用互联网优势,完善委员移动履职平台功能,开好远程协商会和网络讨论会,释放专门协商机构的潜能和效能。召开专委会工作会议,出台规范性文件,制定各专委会实施细则。探索体现界别特色优势的协商方式和履职形式,更好发挥界别在政协工作中的作用。加强委员学习培训和服务管理,增强委员责任意识和双向发力主动性。改进提案、大会发言、视察考察、社情民意信息等经常性工作。建立委员申报调研选题制度、调查研究工作专项评估总结机制。以建设模范机关为目标,从严教育、从严要求、从严管理、从严监督,深入推进党风廉政建设和反腐败斗争,打造过硬的政协机关干部队伍,提升机关服务工作的保障水平。坚持地方政协主席座谈会、地方政协秘书长工作会议制度,以县级政协为重点开展地方政协工作专题调研,召开全国地方政协工作经验交流会,增强政协系统的工作协同性。

（六）**组织开展庆祝人民政协成立70周年活动**。按照中共中央统一部署,做好庆祝新中国成立70周年的各项工作,并从工作上、理论上做好充分准备,结合庆祝人民政协成立70周年组织好有关活动。组织地方政协和有关方面,全面总结人民政协70年的经验，深化对人民政协重大理论和实践问题研究。进一步消化吸收委员在移动履职平台上的意见建议，组织开展庆祝人民政协成立70周年文史资料征集、主题图书出版、摄影书画展等系列活动。通过多种形式，充分展现人民政协伴随共和国一起成长的不平凡历程，展现一届又一届政协委员接续奋斗的精神风貌，进一步增强荣誉感使命感，在新的历史起点上把人民政协事业不断推向前进。

三、围绕决胜全面建成小康社会大局广泛凝聚正能量

今年是全面建成小康社会、实现第一个百年奋斗目标的关键之年。决胜全面建成小康社会到了闯关夺隘的关键时刻，做好今年工作至关重要。面对决战决胜任务的紧迫性、艰巨性，面对各类风险挑战的严峻性、复杂性，人民政协必须服务大局、维护大局，坚决贯彻中共中央决策部署，在履行职能中凝聚人心、凝聚共识、凝聚智慧、凝聚力量，齐心协力共襄伟业。这是人民政协庆祝新中国成立70周年的实际行动。

（一）切实增强服务决胜全面建成小康社会的责任感使命感。全面建成小康社会惠及十几亿人口，是实现中华民族伟大复兴的重要基础和关键一步，是每一个中国人的幸福所在、责任所在。服务决胜全面建成小康社会，是时

代、也是人民政协制度赋予各级政协组织和广大政协委员的历史责任和神圣使命。人民政协是实行中国共产党领导的多党合作和政治协商制度的重要政治形式和组织形式，政协委员是这一政治组织的主体，必须把政治担当、历史担当、责任担当，具体地、现实地落实到服务全面建成小康社会的伟大实践中。决战始于脚下，担当在于行动，奋斗彰显信念。我们一定要锚定使命任务，充分调动各党派团体、各族各界人士积极性主动性创造性，促进智慧、知识、技术向主战场集中，促进人力、物力、财力向主战场聚合，当好这一伟大事业的参与者、实践者、推动者。

（二）充分发挥专门协商机构服务决胜全面建成小康社会的优势作用。民主更加健全是全面建成小康社会的重要内容，充分发扬民主是为决战决胜汇集意见、集思广益的重要途径。人民政协作为专门协商机构，是中国特色社会主义政治体制的独特设计，是实行人民民主的重要平台。政协委员为党和政府制定政策、完善决策提出意见建议是发扬民主，党和政府在协商中凝聚各方面共识也是发扬民主。全国政协有 34 个界别、2100 多名委员，必须聚焦全面建成小康社会，发挥专门协商机构作用，协助党和政府听取民声、汇聚民智。要瞄准热点难点问题，及时发现风险隐患，积极反映社情民意，为党和政府解决问题、化解风险提供有价值的意见建议。要针对短板弱项，寓政协民主监督于协商之中，推动各项任务落实落地。要扭住“全面”二字，运用各种民主协商方式，汇聚真知灼见，助推改善民生，增强人民的获得感、幸福感、安全感。

（三）**着力围绕决胜全面建成小康社会增进共识和团结**。共识是奋进的动力，团结是胜利的法宝。当前，决胜全面建成小康社会任务之重、矛盾风险挑战之多、利益诉求之复杂前所未有。人民政协要发挥大团结大联合组织的作用，正确处理一致性和多样性的关系，求同存异、聚同化异，增进一致而不强求一律、包容多样而不丧失主导，把凝心聚力的各项工作做深做细做实。要把决胜全面建成小康社会作为奋斗动力源和前进方向标，把握政协界别众多、阶层多样、诉求多元的特点，在一些敏感点、风险点、关切点上强化思想政治引领、凝聚共识。要按照中共中央关于防范化解重大风险的部署要求，结合政协各项履职活动，运用好委员讲堂、重大专项工作委员宣讲团等平台，面向社会阐释政策、协调关系，引导各方面客观看待国内外形势变化和改革发展中面临的风险挑战，众志成城攻坚克难，同舟共济勇于斗争，努力画出共建共享全面小康社会的最大同心圆。

（四）**努力提升政协服务全面建成小康社会的工作质量**。习近平总书记强调，全面建成小康社会必须得到人民认可、经得起历史检验。这也是对人民政协高质量做好服务全面建成小康社会工作的要求。我们要提高政治站位、增强政治能力，始终坚持党的全面领导，不折不扣贯彻落实中共中央关于全面建成小康社会的重大决策部署和对人民政协工作的要求，统一意志、统一步调、统一行动，把服务全面建成小康社会的成效作为检验工作质量和水平的重要标准，把牢推进工作的正确政治方向。要紧扣全面建成小康社会精准选题，确定若干调研基地，蹲点解剖和面上调研相结合，调查和研究相衔接，坚决摒弃谈一般观感、作笼统表态，做到建言有理有据、对策可行可用。坚决克服工作中的形式主义、官僚主义，突出重点、抓住关键，围绕贯彻新发展理念，聚焦深化供给侧结构性改革、推动经济高质量发展、打好三大攻坚战等重大任务，察真情、出实招、聚共识，提高建言资政和凝聚共识双向发力的质量，更加有效地助推决胜全面建成小康社会。

各位委员！思想引领时代，奋斗成就梦想。站在新的历史方位，人民政协任重道远；担起新的使命任务，人民政协大有可为。让我们更加紧密地团结在以习近平同志为核心的中共中央周围，高举中国特色社会主义伟大旗帜，以习近平新时代中国特色社会主义思想为指导，万众一心，奋发进取，为决胜全面建成小康社会、夺取新时代中国特色社会主义伟大胜利、实现中华民族伟大复兴的中国梦，作出新的更大贡献！

中国人民政治协商会议全国委员会常务委员会关于政协十三届一次会议以来提案工作情况的报告

——在政协第十三届全国委员会第二次会议上

（2019 年 3 月 3 日）

苏　　辉

各位委员：

我代表中国人民政治协商会议第十三届全国委员会常务委员会，向大会报告政协十三届一次会议以来的提案工作情况，请予审议。

一、提案工作总体情况

广大政协委员、政协各参加单位和各专门委员会，全面学习贯彻习近平新时代中国特色社会主义思想和中共十九大精神,学习贯彻习近平总书记关于加强和改进人民政协工作的重要思想,围绕统筹推进“五位一体”总体布局、协调推进“四个全面”战略布局中的重点问题和人民群众普遍关心的民生问题,特别是聚焦打好三大攻坚战,提交大会提案5360件,平时提案211件。经审查,立案4567件,交165家承办单位办理。截至2019年2月20日,99.2%已经办复。经各方面努力,提案成果得到有效运用,为服务决策、推动工作发挥了重要作用。

委员们围绕贯彻新发展理念、深化供给侧结构性改革、促进经济高质量发展等方面提交提案1884件,占总数的41%。关于突破智能制造和人工智能关键技术、抢抓5G技术经济社会机遇等建议,为深入实施创新驱动发展战略、建设制造强国提供了有价值的参考。聚焦深化基础性关键领域改革,提出持续优化国内税制、营造宽松平等的准入环境和良好的创新创业环境等建议,为进一步解放和发展社会生产力发挥了积极作用。着眼防范化解重大风险、优化金融体系结构,建议强化政府债务预算硬约束、全面科学监管非正规金融行为、完善企业上市和退市制度,对稳妥处理地方政府债务风险,促进资本市场改革开放和稳定发展提供了重要参考。针对基础设施补短板,促进区域、城乡协调发展等问题,提出实施川藏铁路等重大项目规划、加快农村公路改建和电网改造升级、引导特色小镇和小城镇健康发展等建议。就形成全面开放新格局,建言促进中欧班列健康有序发展、加快中新互联互通项目和海南自由贸易试验区建设,有力推动“一带一路”框架下一批重点项目落地。

委员们围绕社会主义民主政治建设、推进政治体制改革、全面依法治国等方面提出提案。针对推进依法行政、促进社会公平公正等问题,建议完善监察程序衔接机制、制定行政程序法典、深化司法体制综合配套改革,为深化依法治国实践提供了参考。聚焦推进政府职能转变、提高政府治理能力,提出加强“互联网+政务服务”、加快智慧城市建设、深化行政审批制度改革等建议。着眼巩固和发展爱国统一战线,建议进一步提升民主党派民主监督综合能力、开展“民族团结一家亲”活动、综合治理宗教领域商业化、取消港澳台人员在内地就业许可制度等,为做好新时代统战工作发挥了积极作用。

委员们围绕培育和践行社会主义核心价值观、推动文化事业和文化产业发展等方面提出提案。针对做大做强主流思想舆论、加强互联网内容建设和管理等问题,提出建设新型主流媒体、优化网络自媒体舆论环境等建议,为推动落实党对意识形态工作领导权的部署要求发挥了作用。着眼弘扬中华优秀传统文化,建议充分发挥革命文物资源独特作用、加快推动大运河文化带建设、促进多渠道对外文化交流等,为提升国家文化软实力和中华文化影响力提供了决策参考。就完善公共文化服务、培育新型文化业态、加强文物保护利用、促进冰雪运动发展等问题提出的建议,为激发全民族文化创新创造活力发挥了作用。

委员们围绕打好脱贫攻坚战、保障和改善民生等方面提出提案1307件，占总数的29%。着眼深化教育改革，提出推动城乡义务教育一体化、增加幼儿教育资源供给、减轻中小学生课外负担、加快“双一流”建设等建议，为发展公平而有质量的教育发挥了积极作用。聚焦提高就业质量，加强社会保障体系建设，提出重视军民融合中的人才培养、多方联动建设退役军人培训基地、提高个人所得税起征点、完善住房租赁法律法规体系、采取“集中供养+居家救助”模式帮扶失能特困群众等建议。关于打好精准健康脱贫攻坚战、做好家庭医生签约服务工作、提高基本医保和大病保险保障水平、推进食品农产品追溯体系建设、完善医养结合养老服务模式等建议，为推动健康中国战略实施提供了参考。

委员们围绕加快构建生态文明体系、全面推动绿色发展、着力解决突出生态环境问题等方面提出提案。关于加强京津冀等重点区域散煤治理、严查长江沿线保护地违法违规活动、加强自然保护区管理与建设、防范河流上游污染等建议，为全面加强生态环境保护，推动落实中共中央关于污染防治决策部署提供了参考。聚焦实现绿色可循环发展问题，提出促进商品包装和电池回收利用、优化运输结构和供电供热模式、推动汽车产业绿色转型升级等建议，为促进产业生态化发挥了积极作用。关于建立统一的生态环境监测体系、完善生态效益补偿机制等建议，为夯实生态文明制度基础，探索环境治理新模式提供了重要参考。

有关提案还就全面准确贯彻“一国两制”方针、推进祖国和平统一进程、扩大对外友好交往等提出了意见和建议，为推动相关工作发挥了积极作用。

二、提案工作创新发展

深入学习贯彻习近平总书记关于提高提案质量和提案办理质量的重要指示精神，按照汪洋主席关于做好提案工作的要求，以提高提案质量为主攻方向，以增强办理实效为努力目标，以加强制度建设为有力保障，实现了十三届政协提案工作的良好开局。

（一）**召开专题会议，加强提案工作总体谋划**。召开全国政协第七次提案工作座谈会，紧扣提高提案工作质量，谋思路、定举措，一年突出一个重点，持续发力，逐年推进。2018年聚焦提高提案质量，研究修订《中国人民政治协商会议全国委员会提案工作条例》，为提案工作高质量发展提供制度保障。

（二）**树立精品意识，确立提案质量导向**。在人民政协历史上首次制定提高提案质量的意见，强调提案要注重质量不比数量，提出问题要聚焦，反映情况要准确，分析问题要深入，提出建议要具体，提案撰写要规范，有意愿的委员在调查研究的基础上，每年提交1—2件高质量提案，对从源头上提高提案工作质量具有重要意义。

（三）**改进方式方法，增强提案督办实效**。主席会议审定45个重点提案题目并专门听取督办情况汇报，副主席

17次率队督办，形成了主席会议部署、办公厅协调、各专门委员会具体督办重点提案的工作格局。督办弘扬劳模精神和工匠精神等重点提案，注重面上调研与典型个案剖析相结合；督办构建中国特色世界一流大学评价体系等重点提案，注重委员调研提出意见与部委同志现场回应相结合；督办推动中欧班列健康有序发展等重点提案，注重现场调研与协商会推进相结合；督办大别山革命老区建设等重点提案，注重连续跟踪督办与一年一个切入点深耕细作相结合。

（四）围绕双向发力，深化提案办理协商。将优化提升雄安新区资源环境承载力、推动粤港澳大湾区互联互通、加强海上搜救体系建设、推进科技评价体系改革等重点提案督办与政协专题议政性常委会会议等重大协商议政活动相融合，提高议政建言质量，增进各方共识。在“发挥香港各界人士在国家脱贫攻坚战中作用”重点提案办理协商中，组织部分港区全国政协委员深入实际，体验脱贫攻坚成就、体察现实困难，坚定信心，积极参与内地扶贫工作。组织提案者代表走访最高人民法院等承办单位，坦诚交流互动，有效推动深入协商。

一年来，政协提案工作不断改进创新，取得良好成效。同时要看到，提案工作还存在重数量轻质量、提案办理仍有重答复轻落实、知情明政服务渠道需要进一步探索、运用信息化手段还不充分、提案宣传不够等问题，需要认真研究解决。

三、2019 年工作重点

2019 年是新中国成立 70 周年,是全面建成小康社会关键之年,做好今年的提案工作意义重大。我们要坚持以习近平新时代中国特色社会主义思想为指导,深入学习贯彻习近平总书记关于加强和改进人民政协工作的重要思想,紧紧围绕党和国家发展大局,在继续提高提案质量的基础上,以推动提高提案办理质量为重点,加强制度建设、狠抓措施落实,更好发挥提案工作在履行人民政协职能中的作用。

(一)加强思想政治引领,广泛凝聚共识。提案工作涉及全体政协委员、政协各参加单位、各专门委员会,以及各地区、各部门。要把加强思想政治引领、广泛凝聚共识具体落实到提案的提出、审查、办理、督办全过程,更好发挥协调关系、汇聚力量、建言献策、服务大局的作用,努力增进最大共识度,形成最大向心力,不断巩固共同思想政治基础。

(二)紧扣关键之年的关键问题,扎实推进重点提案督办。关键之年要把握关键所在,重点提案的遴选与督办要更加体现围绕中心服务大局,要突出全面建成小康社会中的短板问题,打好三大攻坚战中的难点问题和增强人民群众获得感、幸福感、安全感中的现实问题等。探索点面结合、协同调研、远程协商等督办方式方法,着力推动提案建议落地生效。

（三）完善办理工作机制，切实推动提高提案办理质量。推动落实中办、国办《关于进一步加强人民政协提案办理工作的意见》，召开提案办理工作座谈会，修订提案办理协商办法，探索平时提案审查交办和办理的有效途径，推动提案办理树立鲜明的质量导向，把提案办好、办实、办到位，努力做到办一件成一件。

（四）总结工作规律，提升提案工作科学化水平。全面回顾总结政协提案工作 70 年的发展历程，加强提案工作制度化、规范化、程序化和信息化建设。修订重点提案遴选与督办、提案审查、评选表彰等制度文件，制定年度好提案评选办法，推动构建规范完善的制度体系。拓展委员移动履职平台功能，优化提案管理系统，运用大数据技术加强提案分析，促进信息技术与提案工作相融合。加大宣传力度，讲好"提案故事"，营造良好社会氛围。

各位委员，新时代人民政协提案工作使命光荣，让我们更加紧密地团结在以习近平同志为核心的中共中央周围，围绕中心、服务大局，开拓创新、务实进取，不断推动提案工作高质量发展，为实现"两个一百年"奋斗目标、实现中华民族伟大复兴的中国梦作出新的更大贡献！

中国人民政治协商会议
第十三届全国委员会提案委员会
关于政协十三届二次会议
提案审查情况的报告

（2019年3月13日政协第十三届
全国委员会第二次会议通过）

政协十三届二次会议期间，政协委员、政协各参加单位和政协各专门委员会以习近平新时代中国特色社会主义思想为指导，聚焦决胜全面建成小康社会、实现第一个百年奋斗目标中的关键问题，增强人民群众获得感、幸福感、安全感中的实际问题，积极通过提案建言献策。

截至3月7日17时，共收到提案5113件。依据《提案工作条例》和《提案审查工作细则》，认真进行审查。经审查，立案3859件，并案133件，转为意见和建议1121件。在立案提案中，委员提案3499件，占90.67%；集体提案360件，占9.33%。总体看，委员质量意识普遍增强，提案提出更加郑重，选题更加聚焦，调研更加扎实，建议更加具体，质量明显提高，彰显了履职建言的责任感和使命感。

在立案提案中，经济建设方面提案1484件，占总数的38.46%；政治建设方面提案308件，占7.98%；文化建设方面提案266件，占6.89%；社会建设方面提案1336件，占34.62%；生态文明建设方面提案350件，占9.07%；其他方面提案115件，占2.98%。反映比较集中的建议：

一是在继续打好三大攻坚战方面，主要有坚持底线思维，防范金融市场异常波动，稳妥处理地方政府债务风险；推进脱贫攻坚与乡村振兴衔接，巩固脱贫成果，有效防止返贫；建立大气污染防治大数据中心，推进生态环境监测网络建设，打赢蓝天保卫战等。

二是在保持经济平稳健康发展方面，主要有构建亲清新型政商关系，优化民营经济发展环境；推动制造业高质量发展，积极推进供给侧结构性改革；统筹协调“稳投资”，提振市场信心；推动科技创新，加快新旧动能转换；加大收入分配制度改革力度，推动消费提质升级；推动小农户和现代农业发展有机衔接；弥补基础设施短板，发挥南水北调工程综合效益；推动粤港澳大湾区、长江经济带、京津冀、长三角区域发展，共建“一带一路”等。

三是在发展社会主义民主政治方面，主要有推进法律制定和修订工作，把政府活动全面纳入法治轨道，深化司法体制改革；深化“放管服”和综合行政执法改革，完善监督问责机制；坚决纠正“四风”，治理“文山会海”；加强和改进新时代人民政协工作，突出思想政治引领等。

四是在繁荣社会主义文化方面，主要有以庆祝中华人民共和国成立70周年为契机，进一步加强红色文化资源保护和利用；推进社会主义核心价值观进校园；提高基本公共文化服务覆盖面和适用性；推动文化产业高质量发展；讲好中国故事，提升中华文化影响力；扶持体育社会组织健康发展，广泛开展全民健身活动等。

五是在更好保障和改善民生方面，主要有优化就业结构，促进高质量就业；大力推进职业教育改革，多渠道扩大普惠性学前教育供给；把抗癌药等救命救急的好药纳入医保报销，完善医疗保障异地就医即时结算制度；推进养老服务体系建设，促进"医养防融合"；推进居民参与社区治理，实现共建共治共享格局等。

六是在加强生态建设和推动绿色发展方面，主要有推进重点流域和近岸海域综合整治；发展清洁能源，实现能源结构调整"软着陆"；推广试点经验，完善自然资源资产负债表编制工作；探索"造血式"生态补偿长效机制，优化环境经济政策等。

七是在维护民族团结和坚持我国宗教的中国化方向，落实侨务政策，加强国防和军队建设，全面准确贯彻"一国两制"方针，推进祖国和平统一进程，推动构建人类命运共同体等方面提出建议。

大会闭幕后，提案交由承办单位办理，协商遴选重点提案并经主席会议审定后开展督办。

本次大会提案截止日期以后收到的提案，审查立案后作为平时提案交承办单位办理。

中国人民政治协商会议
第十三届全国委员会第二次会议
秘书长、副秘书长名单

（2019 年 3 月 1 日政协第十三届全国委员会
常务委员会第五次会议通过）

秘 书 长： 夏宝龙

副秘书长： 潘立刚　张裔炯　蒋作君　朱永新
邓宗良　刘家强　舒启明　李惠东（回族）
张道宏　李世杰　曲凤宏　赖　明
杨　健　黄　荣　韩建华（撒拉族）
郭　军　邹晓东　郭卫民　李小新（女）

关于召开中国人民政治协商会议第十三届全国委员会第二次会议的决定

（2019 年 2 月 28 日政协第十三届全国委员会常务委员会第五次会议通过）

中国人民政治协商会议第十三届全国委员会常务委员会第五次会议决定：中国人民政治协商会议第十三届全国委员会第二次会议于 2019 年 3 月 3 日在北京召开。建议会议的主要议程是：听取和审议中国人民政治协商会议全国委员会常务委员会工作报告和政协十三届一次会议以来提案工作情况的报告；列席中华人民共和国第十三届全国人民代表大会第二次会议，听取并讨论政府工作报告及其他有关报告，讨论外商投资法草案等。

中国人民政治协商会议第十三届全国委员会第二次会议议程

（2019年3月3日政协第十三届
全国委员会第二次会议通过）

一、听取和审议政协全国委员会常务委员会工作报告

二、听取和审议政协全国委员会常务委员会关于政协十三届一次会议以来提案工作情况的报告

三、列席第十三届全国人民代表大会第二次会议，听取并讨论政府工作报告及其他有关报告，讨论外商投资法草案

四、审议通过政协第十三届全国委员会第二次会议政治决议

五、审议通过政协第十三届全国委员会第二次会议关于常务委员会工作报告的决议

六、审议通过政协第十三届全国委员会提案委员会关于政协十三届二次会议提案审查情况的报告

同心建言资政　同向凝聚共识

——热烈祝贺全国政协十三届二次会议开幕

《人民日报》社论

草木蔓发，春山可望。来自34个界别的2157名全国政协委员踏着春天的脚步，肩负人民的期待，共聚一堂建真言、谋良策。今天，全国政协十三届二次会议在京开幕，我们向大会的召开表示热烈祝贺！

时间的年轮铭刻着发展的轨迹，深刻见证了2018年的极不平凡。面对错综复杂的国际环境和艰巨繁重的国内改革发展稳定任务，以习近平同志为核心的党中央团结带领全国各族人民，保持战略定力，采取正确策略，完成了稳增长、促改革、调结构、惠民生、防风险、保稳定等各方面工作任务，人民群众获得感、幸福感、安全感继续增强，实现了全面贯彻落实党的十九大精神开门红。过去一年也是人民政协事业开创新局面的一年。十三届全国政协坚持中国共产党对人民政协工作的全面领导，围绕团结和民主两大主题，聚焦党和国家中心任务，发挥专门协商机构作用，在建言资政和凝聚共识上双向发力，为党和国家事业发展作出了新贡献，展现了新时代人民政协的新面貌新气象。

“阳春布德泽，万物生光辉。”2019 年是新中国成立 70 周年，也是人民政协成立 70 周年。70 年来的实践充分证明，作为我国一项基本政治制度，中国共产党领导的多党合作和政治协商制度是中国共产党、中国人民和各民主党派、无党派人士的伟大政治创造，是从中国土壤中生长出来的新型政党制度，不仅符合当代中国实际，而且符合中华民族一贯倡导的天下为公、兼容并蓄、求同存异等优秀传统文化，是对人类政治文明的重大贡献；作为统一战线的组织、多党合作和政治协商的机构、人民民主的重要形式，人民政协体现了中国特色社会主义制度的鲜明特点，是适合中国国情、具有鲜明中国特色的制度安排。在新的历史起点上，不忘多党合作建立之初心，坚持好、发展好、完善好我国社会主义政党制度，发挥好人民政协制度的优势，把中共中央的决策部署和对人民政协工作的要求落实下去，把海内外中华儿女实现中华民族伟大复兴中国梦的智慧和力量凝聚起来，就能共同开创中华民族的美好未来，不断谱写人民政协事业新篇章。

人民民主是社会主义的生命，人民政协是协商民主的重要渠道和专门协商机构。同心建言资政，才能以协商民主凝聚强大正能量。中国共产党领导的多党合作和政治协商制度，既强调中国共产党的领导，也强调发扬社会主义民主，政治协商、民主监督、参政议政就是这种民主的重要体现。面向未来，推进人民政协理论创新、制度创新、工作创新，紧扣改革发展献计出力，发挥人民政协在发展协商民主中的重要作用，有效组织各党派、各团体、各民族、各阶层、各界人士共商国是，推动实现广泛有效的人民民主，我们就一定能共同把中国的事情办好。

人心是最大的政治，共识是奋进的动力。同向凝聚共识，才能以大团结大联合画出最大同心圆。统一战线是中国共产党团结带领全国人民夺取革命、建设、改革事业胜利的重要法宝，也是实现中华民族伟大复兴的重要法宝。大团结大联合是统一战线的本质要求，是人民政协组织的重要特征。面向未来，朝着既定目标，扛起政治责任，把加强思想政治引领、广泛凝聚共识作为履职工作的中心环节，加强各党派团体、各族各界人士大团结大联合，最大限度调动一切积极因素，团结一切可以团结的人，汇聚起共襄伟业的强大力量，人民政协就一定能更好担负新时代的光荣使命与任务。

"大厦之成，非一木之材也；大海之阔，非一流之归也。"70 年前，中国共产党以豪迈的气概，号召将革命进行到底，各民主党派、无党派人士和各人民团体、各族各界代表热烈响应中国共产党号召，共同努力实现了建立新中国这一中国人民站起来的历史伟业。现在，我们经过不懈奋斗，迎来了从站起来、富起来到强起来伟大飞跃的光明前景，只要全国各族人民紧密团结在以习近平同志为核心的党中央周围，风雨同舟，万众一心，攻坚克难，任何困难任何势力都不能阻挡我们前进的步伐！期待政协委员积极议政建言、广泛凝聚共识，共赴新征程、共担新使命，以履职尽责的实际行动迎接新中国成立 70 周年！

预祝大会圆满成功！

广泛凝聚决胜全面建成小康社会正能量

——热烈祝贺全国政协十三届二次会议开幕

《人民政协报》社论

迎着和煦的春风，肩负神圣的使命，心怀人民的嘱托，来自各党派团体、各族各界的2100余名全国政协委员今天齐聚北京，出席全国政协十三届二次会议，共同为决胜全面小康社会建真言、凝共识、聚合力。我们向大会的召开表示热烈祝贺！

刚刚过去的2018年，是党和国家发展进程中极不平凡的一年。面对错综复杂的国际环境和艰巨繁重的国内改革发展稳定任务，以习近平同志为核心的党中央团结带领全党全国各族人民，稳中求进、砥砺奋进、开拓前进，保持了经济持续健康发展和社会大局稳定，人民群众获得感、幸福感、安全感不断增强，全面建成小康社会迈出新步伐。

2018年是十三届全国政协的开局之年，也是人民政协实现新作为、展现新气象的一年。在党中央坚强领导下，政协全国委员会及其常委会以习近平新时代中国特色社会主义思想为指导，把增强“四个意识”、坚定“四个自信”、做到“两个维护”体现到履职实践中，开展习近平总书记关于加强和改进人民政协工作的重要思想学习研讨活动，在政治、思想、工作上取得积极成果；首次召开全国政协系统党的建设工作座谈会，以党的政治建设为统领推进政协党的各项建设；紧扣打好三大攻坚战和高质量发展，深入一线视察调研，强化监督助推落实，为党中央科学决策提供参考；把提高工作质量摆在更加突出位置，推动各项工作从注重“做了什么”、“做了多少”向“做出了什么效果”转变，有效发挥了专门协商机构作用，彰显了人民政协这一具有中国特色的制度安排的生机和活力。

今年是中华人民共和国成立70周年，是全面建成小康社会、实现第一个百年奋斗目标的关键之年，人民政协也将迎来70华诞。坚持党对政协工作的全面领导，增强“四个意识”、坚定“四个自信”、做到“两个维护”，通过政协制度的有效运行和民主程序，把党的主张转化为社会各界的共识，是人民政协必须始终把握好的正确政治方向。要抓大事、议大事，把习近平新时代中国特色社会主义思想作为统揽政协工作的总纲，把推动人民政协制度更加成熟更加定型、发挥好专门协商机构的作用作为新时代的新方位新使命，把加强思想政治引领、广泛凝聚共识作为人民政协履职工作的中心环节，围绕统筹推进“五位一体”总体布局、协调推进“四个全面”战略布局，聚焦决胜全面建成小康社会、打好三大攻坚战等重点任务，认真履行政治协商、民主监督、参政议政职能，提高建言资政和凝聚共识双向发力的工作质量，更好担负起把党中央的决策部署和对人民政协工作的要求落实下去、把海内外中华儿女实现中华民族伟大复兴中国梦的智慧和力量凝聚起来的政治责任，以优异成绩庆祝新中国成立70周年。

人心是最大的政治，共识是奋进的动力。当前，决胜全面建成小康社会正处在克难攻坚、闯关夺隘的重要时刻。使命越光荣，任务越艰巨，就越需要人民政协发挥大团结大联合组织的作用，做好团结凝聚人心、增进高度共识、增添奋进动力的工作。人民政协要把广泛凝心聚力摆在更加突出位置，强化思想政治引领，在道路、方向、目标上形成统一意志和步调。发挥好专门协商机构的优势，营造有事好商量、众人的事情由众人商量的民主氛围，通过协商广泛听取民声、汇聚民意、集中民智。各位委员要深入界别群众，宣传党和国家大政方针，引导各界群众理性客观看待国内外形势变化和改革发展中面临的风险挑战，协助党和政府多做协调关系、理顺情绪、化解矛盾、释疑增信的工作。只要我们众志成城攻坚克难，同舟共济砥砺奋进，就一定能最大限度团结一切可以团结的力量，画出共建共享全面小康社会的最大同心圆。

70载同心同德，70年团结奋斗，铭刻了历史的荣光，更启示着使命的艰巨。期待与会政协委员自觉肩负起人民政协制度参与者、实践者、推动者的责任，锚定使命任务，尽心尽力履职，不负党和人民重托，紧扣决胜全面建成小康社会重点任务，察真情、出实招、谋良策，在广泛协商中深化共识，在发扬民主中增进团结，为决胜全面建成小康社会作出新贡献。

预祝大会圆满成功！

凝心聚力共创美好新时代

——热烈祝贺全国政协十三届二次会议胜利闭幕

《人民日报》社论

“迟日江山丽，春风花草香。”春天里，全国政协十三届二次会议不负重托、不辱使命，圆满完成各项议程，3 月 13 日在北京胜利闭幕。我们对大会的成功表示热烈祝贺！

这是一次民主、团结、求实、奋进的大会。会议期间，习近平总书记等党和国家领导同志看望了参加会议的委员，并参加联组会听取意见建议、共商国是。委员们认真履行职责，听取和审议政协第十三届全国委员会常务委员会工作报告、关于提案工作情况的报告，列席十三届全国人大二次会议，听取并讨论了政府工作报告及其他有关报告。大会传递的正能量、发出的好声音、展示的新成果，充分彰显了中国共产党领导的多党合作和政治协商制度的生机活力，充分展现了社会主义协商民主的独特优势。

重要的时间节点，是我们奋斗的坐标。今年是新中国成立 70 周年，无论是在中华民族历史上，还是在世界历史上，这 70 年都是一部感天动地的奋斗史诗。面向未来，实现“两个一百年”奋斗目标、实现中华民族伟大复兴的中国梦,需要汇聚全民族的智慧和力量,广泛凝聚共识、不断增进团结。今年也是人民政协成立70周年,在新的历史起点上前进,人民政协要准确把握人民政协的性质定位,聚焦党和国家中心任务履职尽责,在建言资政和凝聚共识上双向发力,同心共筑中国梦、共创美好新时代。

人心是最大的政治。共创美好新时代,让我们画好最大同心圆。今天,我们的国家发生了天翻地覆的变化,我们的民族迎来了伟大复兴的光明前景,摆在我们面前的使命更光荣、任务更艰巨、挑战更严峻、工作更伟大。当此船到中流浪更急、人到半山路更陡的时候,把不同党派、不同民族、不同阶层、不同信仰的海内外中华儿女凝聚起来,形成致力于实现祖国统一和中华民族伟大复兴中国梦的最广泛的爱国统一战线,我们就能战胜前进道路上的一切艰难险阻。坚持大团结大联合,最大限度调动一切积极因素,团结一切可以团结的人,汇聚起共襄伟业的强大力量,这是人民政协的使命所系。

共识是奋进的动力。共创美好新时代,让我们凝聚强大正能量。“以天下之目视,则无不见也;以天下之耳听,则无不闻也;以天下之心虑,则无不知也”。奋进新时代,我国社会主要矛盾的历史性变化,对党和国家工作提出了许多新要求。当前,国内外环境都处于深刻复杂变化之中,新情况新问题层出不穷,新做法新经验不断涌现。要解决改革发展进程中的矛盾问题,共同把中国的事情办好,就要广开言路、博采众谋，动员大家一起来想、一起来干，围绕党和国家工作面临的突出问题加强调查研究，围绕决胜全面建成小康社会大局广泛凝聚正能量，努力为改革发展出实招、谋良策。发挥好社会主义协商民主重要渠道和专门协商机构的作用，有事多商量、有事好商量、有事会商量，建言建在需要时，议政议到点子上，监督监在关键处，通过协商凝聚共识、汇聚力量，这是人民政协的优势所在。

"志之所趋，无远弗届，穷山距海，不能限也。"新时代新方位新使命，人民政协大有可为。让我们更加紧密地团结在以习近平同志为核心的党中央周围，加强海内外中华儿女大团结，同心共济、群策群力、开拓奋进，共创美好新时代、共写复兴新史诗！

干出新时代人民政协的新样子

——热烈祝贺全国政协十三届二次会议胜利闭幕

《人民政协报》社论

建言资政谋发展，凝聚共识谱新篇。3月13日，全国政协十三届二次会议圆满完成各项议程，在春意盎然的北京胜利闭幕。我们对大会的成功表示热烈祝贺！向认真履职的2100多名全国政协委员致以崇高敬意！

这是在全面建成小康社会、实现第一个百年奋斗目标关键之年的重要时刻召开的大会。中共中央总书记、国家主席、中央军委主席习近平等党和国家领导同志出席会议并参加分组讨论，与委员共商国是。委员们认真学习贯彻习近平新时代中国特色社会主义思想，以高度的政治责任感和历史使命感，紧扣决胜全面建成小康社会，深入协商讨论，积极议政建言，广泛凝聚共识，取得重要成果。会议务实高效、风清气正、圆满成功，是一次民主、团结、求实、奋进的大会，展现了新时代政协委员的责任担当和精神风貌，彰显了人民政协这一具有中国特色制度安排的生机活力和独特优势。

大会高度评价十三届全国政协过去一年的工作。在中共中央坚强领导下，政协全国委员会及其常务委员会以习近平新时代中国特色社会主义思想为指导，全面贯彻中共十九大和十九届二中、三中全会精神，深入学习贯彻习近平总书记关于加强和改进人民政协工作的重要思想，增强"四个意识"，坚定"四个自信"，做到"两个维护"，聚焦党和国家中心任务，履行政治协商、民主监督、参政议政职能，发挥专门协商机构作用，坚持建言资政和凝聚共识双向发力，为党和国家事业发展做出了新的贡献。

会议期间，习近平总书记在文化艺术界、社会科学界委员联组会上发表重要讲话，从党和国家事业发展的全局出发，强调要坚定文化自信、把握时代脉搏、聆听时代声音，坚持与时代同步伐、以人民为中心、以精品奉献人民、用明德引领风尚，为增强社会主义意识形态凝聚力和引领力，推动社会主义文化繁荣兴盛，进一步做好培根铸魂的工作，提供了根本遵循。广大政协委员要深入学习贯彻习近平总书记重要讲话精神，树立高远的理想追求和深沉的家国情怀，自觉践行社会主义核心价值观，扎根人民群众，以奋进新时代、立足岗位建功立业的实际行动，为国家、为民族、为人民贡献智慧和力量。

今年是中华人民共和国成立 70 周年。站在新的历史起点上，广大政协委员要深刻理解在中国共产党领导下新中国 70 年历史性变革中所蕴藏的内在逻辑，把握历史性成就背后的中国特色社会主义道路、理论、制度、文化优势，坚定信心决心，增强行动自觉，在接续奋斗中创造新的辉煌。

今年也是人民政协成立70周年。人民政协积极投身建立新中国、建设新中国、探索改革路、实现中国梦的壮丽实践，走过了辉煌的历程，建立了历史的功勋。70年的实践证明，人民政协是适合中国国情、具有鲜明中国特色和独特优势的制度安排。在新的时代条件下，我们要崇尚学习、加强学习，加强思想政治引领，把科学理论武装成果转化为团结奋斗的共同思想政治基础；要崇尚创新、勇于创新，加强协商民主建设，推动政协协商民主制度程序和运行方式的完善；要崇尚团结、增进团结，加强双向发力工作，汇聚起服务党和国家中心任务的合力。

广大政协委员要不忘初心、牢记使命，坚持中国共产党的领导，把习近平新时代中国特色社会主义思想作为统揽各项工作的总纲，把握人民政协的性质定位，把推动人民政协制度更加成熟更加定型、发挥好专门协商机构的作用作为新时代新方位新使命，把加强思想政治引领、广泛凝聚共识作为履职工作的中心环节，提高建言资政和凝聚共识双向发力工作的质量，切实担负起把中共中央的决策部署和对人民政协工作的要求落实下去、把海内外中华儿女实现中华民族伟大复兴的中国梦的智慧和力量凝聚起来的政治责任。

站在新的历史方位，人民政协任重道远；面对新的使命任务，广大委员信心满怀。人民政协各级组织、各参加单位和广大政协委员，要更加紧密地团结在以习近平同志为核心的中共中央周围，高举中国特色社会主义伟大旗帜，同心同德，奋发进取，为决胜全面建成小康社会、夺取新时代中国特色社会主义伟大胜利、实现中华民族伟大复兴的中国梦作出新的更大贡献，以优异成绩庆祝新中国成立 70 周年，庆祝人民政协成立 70 周年，干出新时代人民政协的新样子！